Für alle meine Freunde, meine Familie und Leser – "Nehmt das Leben nicht so schwer, denn mit einer gewissen Leichtigkeit, lebt es sich *einfach* einfacher."

Didi Lüssel

22 Monate

und andere schwierige Geburten

Bibliografische Information der Deutschen Nationalbibliothek:
Die Deutsche Nationalbibliothek verzeichnet diese Publikation in der Deutschen Nationalbibliografie; detaillierte bibliografische Daten sind im Internet über http://dnb.dnb.de abrufbar.

*© 2015 Name des Autors/Rechteinhabers **(Didi Lüssel)***

*Illustration: **Didi Lüssel***

Herstellung und Verlag: BoD – Books on Demand, Norderstedt

ISBN: 978-3- 7386- 4572-9

Inhaltsverzeichnis

Kleine Weisheiten.. 6
Mentale Vergleiche 23
Liebes Glück / Lieber Kummer 30
Poesie 54

Kleine Weisheiten

Freunde

Wahre Freunde stehen dir Tag und Nacht zur Seite, suchen nicht sofort beim kleinsten Problem das Weite!
***

Öffne den Weg zu deinem Herzen für jedermann, du wirst merken wie gut es dir dabei gehen kann.

***

Hast du deine Gefühle noch so gut versteckt, wundere dich nicht, es wird immer jemanden geben der sie entdeckt. Ist mit Sicherheit auch gut so, denn dieser Jemand macht dich evtl. wieder froh.
***

Hey, denkst du, das ist das Ende? Sei dir sicher, es wartet schon die Wende.
Drum hab ruhig den Mut, zu denken, alles wird gut!

Glaub

Schon so oft hat sie einen Schlag vor den Kopf bekommen, doch hat ihr das nicht den Glauben an das Gute genommen.

Gelbe Wärme

Momentan macht sie sich noch sehr rar, doch du nimm jede Chance wahr, wenn sie vorsichtig durch die Wolkenwand bricht und dir für kurze Zeit ins Antlitz sticht, dann nimm jeden Strahl und dessen Wärme in dir auf, so wirst du spüren mit dieser Wärme nehmen die Dinge ihren richtigen Lauf.

Fühlbar

Es müssen keine Worte ausgesprochen werden, es ist auch ohne diese fühlbar, wenn etwas zu Ende ist.

***

Es muss Euch nicht alles im Leben auf Anhieb gelingen, auch Rückschläge können Euch im Nachhinein nach vorne bringen.

Geröll

Wir können zwar keine Berge versetzen, aber man kann lernen, sich nicht immer selbst Steine in den Weg zu legen.

Luftblase

Eure Träume und Wünsche, sind wie eine zu groß geratene Luftblase geplatzt.
Was lernt man daraus? Einfach kleiner wünschen und träumen.

Hürdenlauf

Manchmal ist das Leben wie ein Hürdenlauf. Bleibt ihr zweifelnd vor jeder stehen, werdet ihr vieles noch weniger verstehen. Nach und nach, jede einzelne Hürde überspringen, seid gewiss es wird euch neue Erkenntnisse bringen.

Neufindung

Manchmal müssen sich die Herzen zweier Menschen voneinander entfernen, um sich dann wieder neu begegnen und entdecken zu können.

Einheit

Herz und Charakter eines Menschen bilden immer eine Einheit. Egal ob beides gut oder schlecht ist.

Fassadenversteck

Es gibt Menschen, die versuchen sich hinter einer falschen Fassade zu verstecken, aber irgendwann kommt auch hier die Zeit, wo das die ehrlichen Menschen entdecken.

Hinterlist

Oft wird dem hinterlistig, geschickten Menschen mehr geglaubt und somit dem Ehrlichen, der Glaube und das Vertrauen geraubt.

Vernarbt

Die Seele kann keine Schönheitsoperation bekommen. Die Narben der ihr zugefügten Wunden bleiben.

Wahrheitsspiegel

Die Sprache, die aus einem Mund kommt könnte uns täuschen, wenn da nicht die Sprache der Augen wäre. Sie sind der Spiegel der Wahrheit.

Lächelndes Glück

Glück bedeutet für mich, wenn ich mit einem Lächeln die Herzen meiner Mitmenschen erreichen kann.

Las los

Manchmal ist es besser sich ein Herz zu fassen, um das an was man festgehalten hat fallen zu lassen.

***

Wenn dein Verstand nicht mehr funktioniert, regiert dich wohl dein Herz.

Verwurzelte Liebe

Erfüllend und einnehmend den ganzen Raum, leuchtend wie der hellste Schein, verwurzelt zu sein wie ein Baum, ja das muss Liebe sein.

Unendliches

Ein Herz was bis zur Unendlichkeit gibt, ohne Wenn und Aber liebt, das sollte man mit beiden Händen fassen und nie wieder loslassen.

Herz in Hand

Ein Herz was unendlich liebt, soviel Freude und Gutes gibt,
wer dieses Herz in seinen Händen hält, ist der glücklichste Mensch der Welt.

Taktgleich

Hör auf dein Herz ist ein gutes Motto, zwei im gleichen Takt wie ein sechser im Lotto.

***

Es gibt Menschen, die tun alles dafür, dass sie, das zu ihnen verloren gegangene Vertrauen nicht zurückgewinnen werden und können.

Wahrheitslicht

Wenn manche Menschen meinen, sie können mit Intrigen, Andere in die Irre führen, werden diese Menschen ganz schnell das Gegenteil spüren. Denn irgendwo ist immer ein Licht, um den Rest der Menschen auf den Weg der Wahrheit zu führen.

***

Auch Eintagsfliegen können siegen!

Freiheitsgefühl

Die Unendlichkeit der Ferne, Weite und Freiheit kann uns bewusst werden, wenn wir in den Himmel schauen, über das Meer blicken, die Sterne betrachten und danach in die Enge von unserem Lebensraum zurückkehren.

Blüten

Manche Menschen sind so falsch wie Falschgeld. Schade, dass man diese Menschen nicht wie eine Blüte gegen das Licht halten kann. Vielleicht könnte man sie dann erkennen. Und wenn das auch nicht das Licht ins Dunkle bringt hat man wenigstens Geld zum Shoppen. Sollen sich doch Andere mit den Blüten rumärgern!

Einsicht

Es nützt nichts, sich damit zu beschäftigen, wie kann man die Zeit zurückdrehen. Nutz lieber die kostbare Zeit dazu deine Fehler einzusehen und bestenfalls dann auch zu verstehen. Du wirst sehn, es wird dich befreien Stück für Stück und dich begleiten in das wahre Glück.

Tränenstrom

Warum sollen, oder müssen immer Tränenströme fließen?
Schmerzfreier ist es doch, das Tor/den Weg zum Herzen zu verschließen. Ein Herz so eingegraben, bekommt so schnell mehr keine Narben.

Blumensprache

Fehlt euch auch mal die richtige Wortwahl?
Dann macht euch das Leben nicht zur Qual.
Sondern lasst für euch die Blumen sprechen, merkend, wie sie das unangenehme Schweigen brechen.

Lügenkleider

Es gibt Menschen, die können andere Menschen so geschickt mit Worten trügen, dabei sind diese Worte nur gut verkleidete Lügen.

Bildende Einheit

Herz und Charakter eines Menschen bilden immer eine Einheit. Egal ob beides gut oder schlecht ist.

Bauchgefühl

Gibt es Dinge, die deinen Lebensfrieden stören, solltest du lernen auf dein Bauchgefühl zu hören

Hab Mut
Wut und Frust hinter euch lassen, und mit Glut neuen Mut fassen
Das ist nicht viel, aber dennoch ein tolles Ziel.

Gleichklang der Worte

Wichtig und wichtig, zwei Wörter die ganz gleich klingen und doch eine unterschiedliche Melodie singen. Das ist mit vielen Wörtern so und machen das Herz oft nicht froh.

Freundschaft

Vertrauen ist die Basis einer guten Freundschaft, denn Freundschaften geben uns auch Kraft.

Sei stolz auf dich!

Wenn du denkst es tun sich nur noch Abgründe auf, du glaubst alles bricht über dir zusammen, dann verzweifle nicht. Schau weiter vorwärts. Jeder Schritt nach vorne, wenn er auch noch so klein ist, ist ein Schritt auf dem du stolz sein kannst!

Türweisend

Wenn du das Gefühl hast alle Türen haben sich verschlossen,
du glaubst es gibt keinen (Aus) Weg mehr, dann ändere deine Blickrichtung. Du wirst sehn es öffnen sich neue Türen und weisen dir den Weg.

***

Worte wie auch Taten können dein Herz berühren. Entscheidungen lassen sich im Herzen erspüren, doch Vorsicht, es kann dich auch in die Irre führen.

Körpergefühl

Lass dich nicht von deinen Zweifeln besiegen, auch wenn sie schwer auf deiner Seele liegen. Lass deinen Körper, deine Seele die positiven Dinge spüren. Dann wirst du merken, wie sie dich in eine gute Richtung führen.

***

Spuren der Tränen trocknen wieder, doch die Verletzung setzt sich auf die Seele nieder.

***

Nur weil man schweigt bedeutet das nicht, dass man nichts zu sagen hat.

Befreiend

Das Gefühl zu haben zu fliegen, kann an dem grad Erlebten liegen. Ist zu deuten auf so unterschiedliche Weise, für ein jeden eine andere Reise z.B. zu merken, dass man sich von etwas entfernt und wie auf einer Wolke langsam davonschwebt.

***

Akzeptiere keine schlechte Behandlung, du brauchst auch keine körperliche Verwandlung. Sei einfach der du bist, alles andere, was man dir erzählt ist Mist.

***

Auch starke Persönlichkeiten/Menschen brauchen mal eine Schulter, leider wird das allzu oft vergessen.

***

Schenke den Menschen dein/ein Lächeln, dann schenken sie dir auch ihres.

***

Miteinander verweilen, Dinge teilen, wie z.B. Zeit - schwirig, wenn nur einer ist bereit.

Manchmal entpuppen sich lieb gedachte Menschen als Höchststrafe.

***

Kann ein Mensch Angst haben etwas zu verlieren, wenn er es doch eigentlich gar nicht wirklich haben wollte?

***

Viele Menschen wissen nicht wie viele Kräfte in ihnen stecken. Ihr Ziel sollte sein zu lernen diese Kräfte zu wecken.

***

Ist der Mensch nicht für Veränderung bereit, wird er auch von seinen Zweifeln nicht befreit.

***

Mein Engel ist wie ich ständig auf Reisen, um mich zu schützen und mir den Weg zu weisen.

***

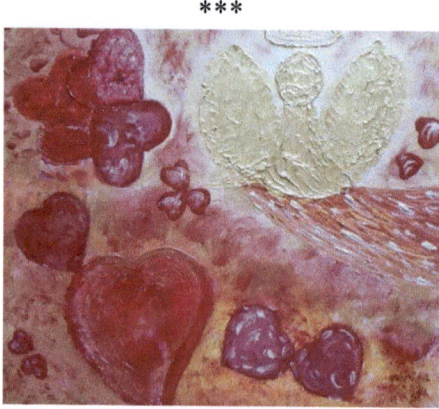

Worte, gut angebracht haben sie eine große Macht. Sie können die Brücke zu unseren Herzen sein, oder lasten schwer wie Stein.

***

Wer nichts verändern will, wird auch das verlieren, was er bewahren möchte.

***

Vertrauen ist die Basis einer guten Freundschaft, denn Freundschaften geben uns auch Kraft. Freundschaft

***

Wahre Freunde sind die, die auch in eigener Not den Anderen nicht vergessen.

***

Denke mit Herzen- rede mit Herzen-fühle mit Herzen- handle mit Herzen, denn nur so erreichst du auch Herzen.

***

Auch wenn man meint zwei Herzen sind füreinander bestimmt, besteht die Gefahr dass sich eins ein Anderer nimmt.

***

Liebe ist, wenn das Herz spürt, wie es ein anderes berührt.

***

Man sollte sich nicht auf die Geduld des Anderen verlassen, denn selbst die schönsten Erinnerungen fangen irgendwann an zu verblassen.

***

Von einem Mensch der sehr wichtig für euch war - enttäuscht und hintergangen worden...was lehrt euch das? Nicht nur bedingungslos vertrauen, sondern stets in alle Richtungen schauen.

***

Worte, die einen zu Tränen rühren, unser Herz auf ganz besondere Art berühren, die sollte man sich merken, denn sie stärken.
Doch Worte die unsere Seele ständig schlagen, wo der Schmerz kaum ist zu ertragen, vergiss sie, sie zwingen dich sonst in die Knie.

***

In diesem Moment die Konsequenz einer Entscheidung tragen, nicht weinerlich hinterfragen, sondern mutig den Schritt in eine neue Richtung wagen.

***

Es gibt Menschen, die brauchen um was zu ändern/verändern eine Ewigkeit und verschleudern dabei unser kostbares Gut, die Zeit.

***

Um dem (seinem) Glück im Leben zu begegnen, muss man oft verschiedene Wege (Umwege) gehen und viel Geduld aufbringen. Doch ist die Begegnung erst mal da, weiß man, dass sich die Strapazen gelohnt haben.

***

Dinge, die im Leben passieren muss der Mensch nicht unbedingt kapieren. Aber, ob er die Ereignisse so hinnimmt, oder eine andere Richtung bestimmt, das kann er entscheiden.

***

Auch wenn das Herz und die Gefühle sich mit aller Macht dagegen wehren, ist es manchmal besser mit Hilfe des Verstandes ihnen den Rücken zu kehren!

Mentale Vergleiche

Ein Stück Himmel,

hier ein wahres Schauspiel.
Auch die Natur erzählt jeden Tag eine kleine Geschichte oder Episode.

Himmelsgefühl

Manchmal ist der Himmel so durcheinander, wie der Mensch sein Verstand.

Herzensgarn

Manchmal ist das Leben, wie Handarbeiten.
Durcheinander wie ein Wollknäuel, oder völlig
verstrickt und zu guter Letzt noch die Masche
(Herz) verloren. Da hilft nur eins. Wollknäuel
entwirren, auch wenn es schmerzhaft ist. Oder
das Garn aufribbeln bzw. Maschen lösen bis zu
dem Punkt, wo evtl. alles begann, schwierig zu
werden.

Wolkenverwandt

Sind wir wolkenverwandt?
Ich denke "JA" in den Himmel schauend wird mir
das klar.
Euch auch?

***

Menschen aus unserem Leben ziehen wie Wolken
weiter. Sie sind in ihrer Form so wandelbar, wie
der Charakter jedes einzelnen Menschen. Und
wenn sie sich entleeren, erinnert das an einen
menschlichen Wortschwall.

Vorhanggesichter

Vorhang auf, Vorhang zu, Vorhang auf, Vorhang zu.......
Was für ein facettenreiches Schauspiel, hinter jedem Vorhang erscheint ein neues Gesicht.
Immer so, wie es gerade gebraucht wird. Aber seid gewiss, irgendwann fällt jeder Vorhang ganz.

Tag und Nacht

Tag und Nacht gibt es nicht nur in der Natur.
Auch der Charakter eines Menschen kann so sein.
Dem Gegenüber glauben lassen, er wäre lieb und rein, wie vom Tag der helle Schein.
Doch in Wirklichkeit ist der Charakter schwarz wie die Nacht, der uns da frech entgegen lacht.

Stimmwirkung

Die Stimme eines Menschen kann die Wirkung einer Waffe haben, wenn man sie zum Brüllen und Spucken anderen Menschen gegenüber einsetzt, oder gar Drohungen ausstößt.
Dieses geschieht alltäglich und man kann nur sagen " Gott sei Dank" kann diese Art von Waffe nicht töten.

Tägliche Hoffnung

Nicht alles im Leben verläuft so schön wie ein Sonnenuntergang, doch mit Anbruch des neuen Tages geht nicht nur die Sonne auf, sondern auch die Hoffnung in uns. Passend zu einer meiner Zeichnungen.

***

Menschen haben Fehler,
Menschen machen Fehler,
aber es gibt auch Menschen die geben anderen Menschen das Gefühl ein Fehler zu sein.

***

Höre auf die Stimme deines Herzens,
und lerne sie zu verstehen. Du wirst dann sehn wie es weitergeht.
Ob das stimmt?

Sprossentritt

Mit Jammern kommt man im Leben nicht weiter mach es wie mit den Sprossen auf der Leiter, erklimme mit jedem einzelnen Tritt den nächsten Schritt.

Gläsern

Wer kennt das nicht?
Das Gefühl eine zerbrechliche Puppe oder ähnliches zu sein.
Erst bekommt es einen kleinen Sprung, dann einen Riss und am Ende zerfällt es. Übrig bleibt ein Scherbenhaufen. Oftmals nicht mehr zu kitten.
Mit jeder Scherbe stirbt ein Stückchen mehr.

***

Es gibt Menschen, die haben schon so viele Chancen bekommen und haben nicht eine einzige davon wahrgenommen. Nur ist auch der gütigste Mensch es irgendwann leid und zu keinem weiteren Kompromiss bereit.

***

Enttäuschungen und Verletzungen gehören, wie die Luft zum Atmen zu unserem Leben dazu. Doch wenn diese Verletzungen und Enttäuschungen immer von ein und denselben Menschen verursacht werden, sollten sie nicht mehr wie die Luft zum Atmen zum Leben dazu gehören.

***

Es gibt Menschen, die haben nicht nur ein Gesicht. Ein Zweites verbirgt sich oft hinter dunklem Licht. Kommt dieses zum Vorschein, ist dass das Wahre sein. Zu wünschen ist es, dieses frühzeitig zu erkennen, um sich sein Leben nicht dran zu verbrennen.

***

Eine Liebe und Freundschaft sind wie eine Brücke, pflegt man sie nicht sind sie einsturzgefährdet.

***

Auch ein Sturm und ein Gewitter können beim Bereinigen von menschlichen Differenzen und Missverständnissen hilfreich sein.

***

Wer sich einigelt wie ein Kokon, dem läuft das Leben davon.

Gedankenlos

Leider ist die Zunge einiger Menschen häufig schneller, als das Einsetzen ihres Verstandes.

Liebes Glück / Lieber Kummer

Wegweisendes Licht

Tränen laufen über ihr Gesicht,
verschleiern ihr die Sicht.
Sie sieht keine Chance für sich am Horizont,
spürt nur noch ihre Trauer in vorderster Front.
Ihre Gedanken sind schwer, sie fühlt sich so
grenzenlos leer.
Sie hat viele Fragen, die auf Antworten warten.
Doch hat das Sinn?
Sind die Antworten immer ein Gewinn?
Nein, sind sie nicht, verrät ihr ein wegweisendes
Licht und nimmt sie an die Hand,
zeigt ihr den Weg zurück aus der dunklen Wand.

Nestwärme

Sie gibt ihm in ihrem Herzen ein Nest und hält ihn dort und an jedem anderen Ort ganz, ganz fest. Sie möchte ihm mit diesen Zeilen mitteilen, sie vergisst ihn nicht, denn er ist ihr Licht.

Einklang

Liebe, fühle sie mit dem Herzen, aber begegne ihr auch mit Verstand. Es sollte beides im Einklang sein.

Herzschlag

Ein Herz schlägt mal laut mal leise,
jeden Tag auf andere Weise.
Mal ist es schwer wie ein Stein,
mal gelöst wie eine Flasche Wein.
Lernst du auf die Stimmen deines Herzens zu hören, werden bestimmte Dinge dich nicht mehr stören.

***

Er hat in ihrem Herzen einen Platz voll Wärme, Liebe und Vertrauen bekommen, doch durch sein Verhalten wird ihm täglich wieder ein Stück davon genommen. Ist dieser Platz erst einmal leer,

hat er keine Chance mehr. Nun fragt sie sich, was
ist sein wirkliches Ich?

***

Sie konnte wirklich und wahrhaftig nichts dafür,
wie aus dem Nichts erschien er vor ihrer Herzenstür.
Lass ihn nicht rein, es könnte ein Taugenichts
sein, flüsterte die innere Stimme ihr zu,
und wenn, dann raubt er dir deine Ruh.

***

Liebe kann wie eine Blume sein. Füttert man sie
nicht, geht sie kläglich ein, sowie die Blume der
man kein Wasser gibt.

***

Liebe ist-die Wünsche des Partners zu kennen,
ohne diese bei Namen zu nennen.

***

Liebe geben - Liebe bekommen - Liebe miteinander teilen, ist die beste Energiequelle die wir
Menschen haben.

***

Ihr Herz ist zum Geben und Teilen bereit,
doch er gibt ihr kein Stück seiner Zeit.
Anfangs denkend, ein Mensch so wunderbar,
wird ihr jetzt plötzlich klar, er ist wohl eher sonderbar.

Daher fragt sie sich, was hat dieser Mann,
dass sie nicht von ihm lassen kann?
Will er sie mit seinen Worten trügen?
Sind es vielleicht nur verkleidete Lügen?

Sie weiß, sie wird auf ihre Fragen keine Antwort finden, drum ist es besser, ihr Herz nicht weiter an ihn zu binden.

***

Oft schaut sie hoch in den Himmel, beobachtend wie es dort von Wolken wimmelt.
Dabei gehen ihre Gedanken auf eine Reise, ganz still und leise.

Während dieser Reise fallen ihr die Augen zu, sie weiß nur so kommt sie ein wenig zur Ruh. In diesem gedanklichen Raum fühlt sie sich stark wie ein Baum.

Doch nach dieser Reise ändert sich das auf eine Weise, die sie hätte nie gedacht. Was hat das Leben mit ihr gemacht, dass ihr Herz nicht mehr lacht?

***

Ihre Augen, sie funkeln schon lange nicht mehr, blicken nur noch trüb und leer. Weichen musste ihre Fröhlichkeit, einer tiefen Traurigkeit. Und das nur, weil sie ihr Herz verlor. Warum schützte sie sich nicht davor?

Schmetterlinge

Schmetterlinge im Bauch, ja die hatte sie auch. Über und über tummelten sie in ihr, kribbelten da und hier.

Sie dachte das ist ein Witz, übernahmen sie doch nach und nach von ihr Besitz. Zu denken sie sei dafür zu alt, war falsch, das merkte sie bald.
Mit jeder Berührung kam die Hoffnung auf Verführung.

Doch ihr Verlangen wurde nicht gestillt, vielleicht war der Auserwählte nicht gewillt. Fragend, wie sollte sie dem Ganzen entfliehen, wünschte sie die Schmetterlinge würden weiter ziehen.

Flammendes Inferno

Wo?
Im Herz, denn es brennt so lichterloh.
Denke nicht mehr an mich, sondern nur noch an dich. Fühle nicht mehr mich, sondern nur noch dich.

Oh Herz, komm bitte zur Ruh, doch es lässt den Wunsch nicht zu.
Warum bloß nicht? Es muss doch wissen, dass man daran zerbricht.

Denkt es vielleicht das es erlischt, so wie es einen hat erwischt? Bitte sag es mir, bevor ich mich ganz verlier. Doch ich bleibe ohne Antwort, drum wünsche ich mein Herz fort, weit weg an einen anderen Ort.

In Strömen die Tränen fließen, warum kann man die nicht in das Inferno gießen'?

Herzensmelodie

Die Melodie ihres Herzens bereitet ihr nur Schmerzen.
Diese Begegnung war ein Zufall, doch schlug sie ein wie ein Feuerball.
Nun ist er ihr Schicksal und wird zur ständigen Seelenqual.

Sie möchte mit ihm ein Stück des Weges gemeinsam gehn, warum kann und will er das nicht verstehn?

Was ist sein Ziel? Ist sie nur ein Spiel?

Er hat ihr Herz geraubt, warum nur hat sie das erlaubt?
Sie wird ihn fragen, aber wird er ihr die Wahrheit sagen?

***

Überwundene Liebe- ist es erst einmal geschafft, dass die Tränen nicht mehr fließen, lässt sich eine neue Liebe frei genießen.

***

Liebe ist- manchmal wie eine Umleitung, viele Umwege fahren, um am Ende wieder auf der richtigen Spur zu sein.

***

Wenn das Herz, das du in deinen Händen hältst, bebt, dann weißt du, dass es für eure Liebe lebt.

Unerfüllte Liebe
(eine Hausaufgabe meiner Tochter im Fach Deutsch, 8 Klasse-13 Jahre)

Im Morgengrauen erwachte der kleine Busch, sofort dachte er an die bezaubernde Rose von nebenan.

Der Busch fing an sie heimlich zu beobachten.
Dabei raschelten vor Aufregung seine Äste.
Bis zum Mittag blieb er in dieser Position.
Dann fing er an zu überlegen.
Endlich, es war schon nachmittags da kam ihm eine Idee.

Nun tanzten seine Äste vor lauter Vorfreude.
Aber erst am Abend konnte er seine Idee ausführen, denn er wollte nicht gesehen werden.
Der Busch fing an die Dornen der bezaubernden Rose zu kitzeln.

Er kitzelte die Rose bis tief in die Nacht.
Doch sie reagierte nicht und das machte ihn traurig. Plötzlich merkte der kleine Busch,
dass die Rose eingegangen war und seine Liebe unerfüllt bleiben wird.

Zerrissenheit

Sie hatte sich auf sein Werben eingelassen, doch
sein Herz bekam sie nicht zu fassen.
Er schrieb-du bist das Beste was mir je passierte,
doch da war so viel was sie nicht kapierte.
Sie war auf der Suche nach Geborgenheit, nur
fand er immer eine Ausweichmöglichkeit.
Sie wollte mit ihm lachen und verrückte Dinge
machen.

Doch es sind nur Tränen gewesen, jeder konnte
es in ihrem Gesicht lesen.
Sie wollte ihn berühren, seinen Atem spüren,
doch es schien als graute ihm davor, so dass sie
den Glauben an seinen Worten verlor.

So stiegen nur noch Zweifel in ihr empor, sangen
gemeinsam eine traurige Melodie im Chor.

Versuchte die Geschehnisse mit seinen Augen zu
sehen, doch das Ergebnis blieb, sie konnte ihn
nicht verstehen.

Sie dachte ihre Art hätte ihn berührt, nun fühlte
sie sich an der Nase rumgeführt.
So hinterließ er Spuren in ihrem Herzen, Schöne,
wie auch mit Schmerzen.

Lange hatte sie versucht sein unverständliches
Handeln in Liebe und Wärme zu verwandeln.

Merkte plötzlich, das bedingungslose Vertrauen war nicht mehr da, mehr und mehr wurde ihr das klar.

Was sollte sie also noch in seinem Leben, er war doch nicht bereit was dafür zu geben.
So wurde die geplante Zweisamkeit für sie zur Einsamkeit.

***

Er versucht seine Ängste zu überwinden,
um sie mehr in sein Leben einzubinden.
Zu teilen, die wenige Zeit, ist er nun bereit.
Sie dachte, das Hin und Her hätte sie geschafft,
doch dieses Wissen beschert ihr neue Kraft.
Worte wie- mein Herz, mein Engel, klingen wie das Rauschen vom Meer,
bedeuten und zeigen, auch sein Herz ist der Gefühle nicht leer.
Eine Erkenntnis, die ihr Gesicht zum Leuchten bringt, und endlich ihr Herz eine fröhliche Melodie singt.

***

Sie dachte sie wäre auf seiner Emotionsleiter schon ein Stückchen weiter.
Sie möchte sie weiter erklimmen,
doch sie fühlte, da konnte was nicht stimmen.
Er konnte zwar nicht von ihr lassen,

aber sie bekam ihn auch nicht ganz zu fassen.
Immer wieder brach eine Sprosse des Glücks,
durch sein Verhalten Stück für Stück.

***

Hätte sie auf ihre innere Stimme gehört,
wäre sie nicht so am Boden zerstört.
Jetzt hält sie ihre Gefühle versteckt,
doch sie hat Angst, dass er sie wieder entdeckt.
Wie soll sie dem entkommen?

Ihre Handlungen geschehen nur noch benommen,
ihre Sichtweise ist schleierhaft und verschwommen.

Was wird als nächstes kommen?
Traurig senkt sie ihren Kopf auf ihr Kissen,
denn sie weiß, sie wird ihn schmerzlich vermissen.

Will sie ihn denn wirklich für immer missen?
Oder doch noch mal eine Fahne für ihn hissen?
Tränen tropfen auf den Flur,
hinterlassen eine feuchte Spur.
Wie soll das weitergehen? Wie soll sie sich entscheiden?

Ihre innere Stimme wird sie nicht beneiden.
Mittlerweile ist die feuchte Spur ein Teich,
ihr Gesicht vor Kummer bleich.

Eine Entscheidung wäre eigentlich ein Muss,
doch lieber hätte sie einen dicken Kuss.

***

Seit den letzten Verletzungen ist alles in ihr erfroren, ob er jemals begreift was er hat verloren.

***

In ihrem Zimmer brennt nur ein sanftes Licht,
verstohlen wischt sie sich ihre Tränen aus dem Gesicht.
Fühlt sich wie ein zerknittertes Kleid, schluchzt,
es tut mir so leid.
Sie ist emotional total von der Rolle und verliert
über vieles die Kontrolle.
Er ist für sie kein Abenteuer, wenn sie an ihn
denkt, egal in welche Richtung sie ihre Gedanken
lenkt, glüht ihr Körper wie ein Feuer.
Sie will sich doch nicht streiten, sondern ihm nur
schöne Stunden bereiten.
Aber sie kann auch vieles nicht verstehen, z.B.
warum sie sich so selten sehn.

Aber dann kommt von ihm plötzlich ein Satz und
sie denkt *ups*, für mich ist wieder kein
Platz........es tut ihr so leid......die letzte Zeit hielt
nichts Gutes für sie beide bereit..... viele Dinge
tun weh und eine Stimme flüstert ihr - geh.

Bitte sie möchte nicht gehen, aber hilf ihr doch
die Dinge zu verstehen.
Es tut ihr so leid.

***

Am Himmel sieht sie, wie sich die Wolken aneinander reiben und plötzlich klatscht der Regen an ihre Scheiben.

Die Zweige der Bäume im Winde sich biegen ihr
ist klar der Wind wird über sie siegen.
Die Zweige, die nun am Boden liegen, die Bäume
ein kahles Aussehen kriegen.

Der Beginn der kalten, stürmischen Jahreszeit,
doch sie ist für sie bereit.

***

Liebe geben, Liebe erhalten, Liebe miteinander teilen, in tiefer Zweisamkeit miteinander verweilen, ist so wunderbar und unbezahlbar, doch leider ist das nicht jedem Menschen klar.

***

Wenn du wärst eine Kerze,
würdest du brennen in meinem Herze!

Unerwartet

Wie es passierte lässt sich heute nicht mehr sagen, ich möchte es auch nicht weiter hinterfragen.
Das Leben hat mich gelehrt, Probleme werden so nur vermehrt.

Mit liebgeschriebenen Worten in mein Herz geschlichen, sind langsam auch die letzten Zweifel gewichen.

Die Worte lassen mich erzittern, aber zeitgleich kann ich die Gefahr auch wittern.

Der Verstand sagt nein, das darf nicht sein.
Die Gefühle sagen ja
und das ganz klar.

So denke ich, es ist besser zu genießen, und vor Anderen den Mund zu verschließen.

Herzensreise

Wenn ein Herz eine Reise tut, ist das oftmals nicht gut.
Auf den Weg gemacht ganz leise,
bewegt es sich jetzt auf andere Weise.
Schaut plötzlich in eine andere Richtung,
in der Hoffnung zu finden eine Lichtung.
Lass es nicht zu, es nimmt dir nur die Ruh.

Muss das sein?
Bisher warst du so rein.

Innig

Er hat sie mit eindringlichen, empfindsamen
Worten verführt, sein Mund ihren Körper zärtlich
berührt. Ihre Lippen öffneten sich, signalisierend
ich bin bereit für dich.
Er drang in sie ein, flüsternd - Nun bist du mein.
Ihre Körper verschmolzen zu einem Band, brachten die Gefühle sie an des Wahnsinns Rand.

Herzensruf

Ich folge den Weg und den Ruf meines Herzens,
leuchten soll beides wie 1000 und mehr Kerzen.
Doch das tut es nicht,
ich sehe nirgends ein Licht.
Ist der Weg meines Herzens nicht richtig?
Ist der Ruf meines Herzens zu kurzsichtig?

***

Es gibt Menschen die lassen Reden schwingen,
die so hoffnungsvoll und schön klingen.
Doch sind es oft nur leere Versprechen, sollten
diese nicht immer brechen.

Dann sind da noch die Lügen, wie wär's - sich mal an der Wahrheit zu üben?

Gefühle pur

Sie trat über die Schwelle der Tür.
Nein wirklich, sie konnte nichts dafür.
Denn es schlug ein wie ein Blitz beim Anblick seines Antlitz.

Er schritt ins Licht mit einem Lächeln im Gesicht.
Charmant strahlte er sie an, das zog sie noch mehr in seinen Bann.

Sie konnte nicht mehr klar denken, die Gedanken ließen sich nicht mehr lenken.
Da war nur noch der Wunsch nach Berührung, um sich hinzugeben einer lustvollen Verführung.

Es war, als könnte sie seine Hände spüren, ließ sie sich vom Sturm der Gefühle führen.
Wohlige, warme Schauer, tobende Wellen, nahmen Besitz von ihren Körperstellen.

Ihr war bewusst, gleich kommt sie in ein besonderes Reich.
Schweißperlen auf der Haut, stöhnte sie laut.

Plötzlich, Mama, wo bist du?

Die Augen noch zu, flüsterte sie: "was für ein
schöner Tagtraum", realisierend sie befand sich
Zuhause in ihrem Wohnraum.

***

Lange Zeit hielt sie ihr Herz verschlossen, trotzdem waren viele Tränen geflossen. Doch jetzt hat sie es plötzlich geschafft und das ganz unerwartet aus eigener Kraft. Alles was in ihr gefangen, ist nun davon gegangen. Ihr Leben ist endlich bereit für eine bessere Zeit.

Schutzmauer

Überall, überall liegen "SIE" auf der Lauer,
doch sie befindet sich im Schutze ihrer Mauer.
Jeden Tag kommt ein neuer Stein hinzu,
und beschert ihr die ersehnte Ruh.
Zu wissen, niemand kann ihr etwas anhaben,
kann sie ihre Gefühle wieder besser handhaben.
Soll die errichtete Mauer wieder verschwinden,
müssen die "SIE'S" die Gründe finden.

Qualen der Liebe

Was ist bloß los mit den Beiden?
Ist es richtig, dass sie so leiden?

Hilflos wie das weite Meer, dabei vermissen sie
sich doch gegenseitig so sehr.
Sind sie dabei sich in allen Bereichen zu irren?
Dann sollten sie anfangen das Knäuel zu entwirren.

Warum kommt bei ihm alles was sie sagt als
Vorwurf an?

Sie versucht doch nur Licht ins Dunkle zu bringen, weil sie nicht mehr kann.
Sie will ihn nicht verletzen, nur liebevolle vernetzen.

Alles getan aus tiefstem Herzen, doch es bereitet
ihm wohl Schmerzen.
Ihr Herz hat ihn sich nun mal auserkoren, sich
hoffnungslos in ihn verloren.

Wie kann sie sich retten?
Fühlt sich wie an Ketten.

Ohne die Kette läge sie längst im tiefsten Loch.
Vielleicht kommt die Rettung ja noch.

Herz in Fesseln

Sein Herz schlägt im stürmischen Takt, er liebt sie immer noch, das ist Fakt.

Plötzlich ist nichts mehr wie es einmal war, jeden Tag, jede Stunde...wird ihm das mehr klar.

Doch er ist für diese Lebensänderung nicht bereit, sein Herz braucht einfach noch mehr Zeit.

Mit seiner ganzen Liebe und Kraft, hat seine Liebste viel geschafft.

Ihren Launen hielt er stand, waren ihm die Gründe doch bekannt.

War sie niedergeschlagen und tief am Boden, hat seine Liebe und sein Verständnis sie wieder aufgehoben.

Hat er zu viel des Guten getan?
Seine Chance so letztendlich vertan?

Wie kann er seine Liebe halten?
Um ein bisschen gemeinsames Leben zu gestalten?

Mit Geschenken und liebevollen Kleinigkeiten, wollte er ihr Lichtblicke bereiten.

Hat er sie damit erdrückt, ihre Gefühle gar in die Ferne gerückt?

All das hat er nicht gewusst, das wird ihm schmerzlich bewusst.

Merkt sie, sein Herz ist nicht leer, vermissen tut er sie so sehr.

Ihr Platz ist dort und an keinem anderen Ort.

Ist sie dies zu glauben bereit, hat auch er wieder eine schöne Zeit.

Seine Augen brennen, seine Seele brennt, sein Herz brennt mehr als ein Feuer und das ist ihm nicht geheuer.

Liegt sein Herz in einer so eisernen Fessel?

Herzdialog

Von Herz zu Herz
Sein Herz ist auch ihr Herz,
sein Schmerz ist auch ihr Schmerz.
Er spürt das so sehr und hofft sie möchte ihn wieder mehr.

Marionette

Versucht sich für ihn zu verwandeln, nur nach
seinen Wünschen zu handeln.
Doch was blieb für sie dabei?
Fühlte sich so gar nicht frei.
Gleich dem einer Marionette, zog er willkürlich
an der Kette.

Was war das, was ihn zu diesem Handeln trieb,
ignorierend die Zeilen die sie ihm schrieb.
Verirrt als wäre sie im tiefsten Wald, hoffte sie
auf Befreiung bald.

Auf ein freies Leben, Liebe gebend, Liebe nehmend.

Doch für ihn gab es sie nicht mehr, ihr Platz an
seiner Seite bleibt fortan leer.

Licht und Schatten

Es war da, eine Zeit lang, das Glück.
Doch dann verschwand es Stück für Stück.
Überall erschienen plötzlich dunkle Schatten,
kamen dem Bildnis gleich, von Ratten.

Umzingelt gefühlt, begannen die Schatten ein
Tänzchen.

Atemnot, Zittern, das war absolut kein Kaffeekränzchen.

Mit aller Macht versucht die Seele zu fassen, aber etwas wollte das nicht zulassen.

Zwischen all den Schatten blitzte ein heller Punkt, kam näher, winkte verstohlen.
Was geschah da? Es war so wunderbar.
Ein Licht versuchend die Schatten ein/zu überholen.

Führend und vom Schein berührend, dem hellen Punkt entgegen gehen, um wieder mehr vom Licht zu sehen.

So wird das Dunkle abgeschüttelt und das Helle wieder wach gerüttelt.
Den Schritt nach vorn ins Licht zu gehen, wird helfen das Dunkle zu vergessen und zu verstehen.

Verloren im Sein

Ihre Füße im Sand versenkt, den Blick aufs Meer gelenkt.

So steht sie schon seit Stunden, beobachtend der Möwen ihre Runden.

Verloren das Gefühl der Zeit, doch zu gehen ist
sie nicht bereit.

Füße, die da werden nass,
Wind, der da kommt auf, aber sie nimmt diese
Dinge in Kauf, lässt alles ihren Lauf.

Plötzlich, eine Veränderung in ihrem Gesicht.
War es das Licht, welches sie da sah? So fern und
doch so nah.

Ein Schütteln, sie fängt an zu frieren, aber möchte
das Licht nicht aus ihren Augen verlieren.

So verharrte sie an ihrer Stelle, nicht bemerkend
die hohe Welle.

Poesie

Offene Augen

Lass nicht zu, das Etwas oder Jemand deine Augen verbindet, sich so der richtige Weg/Ausweg nicht mehr findet.
Du so nur noch rosarot siehst, in diese scheinbar schöne Welt fliehst.
Deine Augen müssen für alles offen bleiben, nur so kannst du wirklich das Böse vertreiben.

Positiver Regen

Regentropfen prasseln auf das Dach, vollführen fortwährend gleichmäßig Krach.
Es ist, als wenn der Regen Reden schwingt und somit Schwung ins Leben bringt.
Zu hören so viele unterschiedliche Regenklänge, wahrnehmend als Engelschor Gesänge.
Lasst euch auf das Regenspiel ein, es muss nicht immer die Sonne sein.
Ihr werdet sehn, auch wenn der vielen Wolken grau, der Himmel erscheint oft trotzdem blau.

Frühlingswünsche

Ich spüre auf meinem Gesicht,
ein zartes warmes Licht.
Welch eine Wonne, es ist die Sonne.

Frühling, ich warte schon so sehnsüchtig,
doch bisher spürte ich dich nur flüchtig.
Frühling, lass dir nicht mehr so viel Zeit,
denn ich habe den Winter wirklich leid.

So lange konnte ich deine Wärme nicht mehr
spüren, es wird Zeit, dass deine Sonnenstrahlen
meine Haut berühren.
Im Park spazieren und genießen
wie die ersten Pflänzchen sprießen.
Endlich wieder auf der weichen Wiese liegen,
sehen wie die Vögel fliegen,
fröhlich zwitschernd ihre Melodien erklingen,
bekommen auch wir wieder Lust zu singen.

Frühling, bitte komm und schick ganz leise,
den Winter auf eine lange Reise.
Lachen, tanzen, toben, springen,
weil sie gute Laune bringen.

Ich verspür den Drang nach Freiheit,
nach dieser langen Winterzeit,
genau das was ich jetzt brauch,
fühlt ihr das auch?

Oft investiert man so viel und kommt doch nicht ans Ziel.

Leben

Nachdenklich und allein sitze ich in der Dunkelheit.
Kein Mensch, kein Geräusch stört meine Einsamkeit.

Ich starre hinaus auf den See, unruhig bewegen sich meine Finger im Klee.
Nur mein Herz höre ich laut klopfen, und fühle wie die Tränen tropfen.

Diese Stille drängt mich zum Nachdenken, doch ich versuche dagegen an zu lenken.
Diese Stille, sie macht mich nicht munter, oh nein, sie zieht mich noch mehr runter.

Ein Wort, ein kleines Wort, ein kurzes Wort, benutzt mal hier mal dort.
Löst aus in meinem Körper ein Beben, denn dieses kleine Wort heißt Leben.
Ein Wort, was wiegt so schwer, hat Bedeutung so viel mehr.

Das Leben hat so viele Seiten, und oft brauche ich Arme, die mich leiten.
Was ist mein, wo gehör ich hin?

Ich weiß manchmal nicht mehr, wer ich bin.

Leben, ich dachte es wäre Liebe, doch ich bekam nur Hiebe.
Leben, ist plötzlich eine Flucht, aus der gewachsenen Eifersucht.
Leben, ein Tag abenteuerlich und voll von Lust, doch schon der nächste kann bestimmt sein von Frust.

Leben ist wie ein Kleid, wechselhaft und oft voll Neid.
Leben, kann sein ein Gefühl wie auf dem Gipfel, und Probleme wirken dann nur noch wie Zipfel.

Am Abhang sitzend, die Gedanken baumeln, lassen die Gefühle taumeln.
Ich frage mich, wo stehe ich?

Leben, wie oft will man nach mehr streben, geht Wege die einem doch nichts geben.

Diese Wege muss man gehen, um das Leben zu bestehen.
Leben kann bedeuten, viele Schwierigkeiten zu bekommen, und diese werden nicht einfach so abgenommen.

Diese Schwierigkeiten schlagen oft stürmische Wellen, und sind da um sich ihnen zu stellen.

Ich will mein Lebensglück erreichen, ohne ihnen groß auszuweichen.

Worte und Taten, oft falsch verstanden als Waffen, dabei sollten sie doch Frieden schaffen.

Leben, ein Tag erstrahlt im hellen Licht, und alles bekommt für gewisse Zeit eine positive Sicht.
Doch dann ganz schnell, ist es nicht mehr hell.
Es folgt die Dunkelheit, und mit ihr beginnt die schwierige Zeit.

Leben heißt auch diese Zeit zu meistern, um sich danach wieder neu zu begeistern

***

Sie dachte ihre Liebe wäre am Ende, doch dann nahm alles eine Wende.
Ein lieblich süßer Zauberduft, lag plötzlich in der Luft.
So wie die Blümlein sprießen, wenn wir sie mit Wasser gießen, so kann auch dieser Duft sich entfalten und den Weg freischalten.
Im Herzen angekommen, wird er nun als klangvoller Reigen vernommen.

Platzlos

Heute hörte ich den traurigen Satz,
für mich ist in niemanden Herzens Platz.

Ein Darum auf ein verwundertes Warum.

Mit einem das kann ich nicht glauben wollte ich
ihm die Zweifel rauben

Sein Blick so verstört, als hätte er sich verhört.

Ich ging auf ihn zu in völliger Ruh, nahm ihn
dann ganz fest in den Arm, freute mich wie seine
Augen wurden warm.

***

In der Dunkelheit der Nacht,
der Mond am Himmel uns bewacht.
Sein Leuchten durchbricht die Dunkelheit und
gibt uns so ein Stück Geborgenheit

Lebensstationen

Es gab in ihrem Leben schon viele Stationen,
begleitet von den unterschiedlichsten Emotionen.
Sie sah diese als Lektionen an, denn es war bestimmt viel Wahres dran.

Sie hat gelernt damit zu leben, stets versucht das Beste zu geben.
Doch jetzt will sie nicht mehr, fühlt sich nur noch ausgelaugt und leer.
Auf und davon denkt sie sich, aber es gibt ihr auch einen Stich.

Ein Stich ins Herz, der so arg schmerzt. Auf und davon, was bedeutet das schon?
Eine Frage in ihrer Gedankenwelt, die sie dort schon lange hält.
Warum schmerzt die Frage so?
Gibt es die Antwort irgendwo?

Vielleicht irgendwann, wenn sie gar nicht mehr kann.

Lebensfroh

Sie schaut gedankenverloren in den Spiegel, benutzt dabei die Creme aus dem Tiegel.
Ein Lächeln ziert ihr Gesicht, Fältchen spiegeln sich im Licht.
Mit 49 ist das Leben noch nicht vorbei, "NEIN", sie fühlt sich unendlich frei.

Sie fragt sich nicht, was mach ich bloß, nur weil die Kinder groß.
Vorbei die Zeit des Zurückstehens, kann sie nun andere Wege gehen.

Sie lernt sich neu entdecken, spürt wie viele
Möglichkeiten in ihr stecken.
Sprüche, wie, du bist zu alt, lassen sie ganz einfach kalt.

Ihr einziges Bestreben, sie will leben. Keine Tränen über verlorene Zeit vergießen, sondern alles was noch kommt genießen.

Alltagstauglich

Ab heute habe ich immer einen Dosenöffner und Putzlappen dabei.
Ersteres um mir im Notfall auch unterwegs die Augen zu öffnen und zweitens um die rosarote Brille unterwegs fortzuwischen.

Das wahre Ich
Wirklich schade, dass so einige Menschen im Spiegelbild nicht ihr wahres "Ich" zu sehen bekommen.

Antwortlos

Warum, warum werden die Menschen, die am meisten investieren und ich meine jetzt nicht das Materielle auch am meisten verletzt.

***

Gedanken, traurig und schwarz wie die Nacht,
obwohl die Sonne vom Himmel lacht.

***

Was sind das bloß für Menschen, die alle Regeln
brechen und hinter des anderen Menschen Rücken sprechen?
So wird oft die Meinung des Gegenübers manipuliert, das dieser den Glauben an einen verehrten
Menschen verliert.
Was wollen diese Menschen bezwecken indem
sie solche Zweifel wecken?
Vertrauen ist mehr als wichtig und die erklären
das so für null und nichtig.
Ein durch Gerede verändertes Verhalten lässt
zwischenmenschliches plötzlich erkalten.

***

Gefährlich ehrlich oder trügen mit Lügen.

Krieg der Gefühle

Die Seele - die schreit,
das Herz - das weint,
Augen - die weinen,
Hände - so unruhig,
die Stimme - die zittert,
der Blick - so traurig,
ein Magen - der rebelliert,
den Kopf - voller Zweifel,
die ganze Gefühlswelt –ein Wirrwarr........
das ist ein absoluter körperlicher Ausnahmezustand.

***

Lebendige Eigenschaften

Augen - die blicken, mal fröhlich, mal traurig.

Ein Mund - der redet, mal laut, mal leis.
Hände - die gestikulieren, mal seicht, mal wild.

Eine Nase - die riecht, mal positiv, mal negativ.
Ohren - die hören, mal gut, mal schlecht.

Ein Bauch - der fühlt, mal wohlig, mal unbehaglich.

Und ein Herz das schlägt mal schnell, mal langsam.

Verschiedene Eigenschaften, positiv wie negativ,
die aber trotzdem etwas gemeinsam haben. Sie
zeigen uns ganz deutlich was es heißt zu leben.

***

Stets ist ihr Herz für jeden Menschen offen, so
machen böse Worte sie sehr betroffen.

***

Irrtum, zu denken sie wäre liebevoll vernetzt,
wird sie doch ständig nur verletzt.
Doch den Mut verlor sie dadurch nicht, sie wusste irgendwo-irgendwann erscheint wieder ein
Licht.

Oft

Oft - macht sie sich zu viele Gedanken
und das bringt ihre Welt ins Wanken.
Oft - tut sie instinktiv das Richtige,
aber Andere erklären das für null und nichtig.
Oft - werden Worte gesprochen,
die nach faden Beigeschmack gerochen.
Oft - überwältigt von innerer Wut
besiegt sie die mit ihrer Sanftmut.
Oft - denkt sie, sie wäre doch liebevoll vernetzt,
dennoch wird sie enttäuscht und verletzt.
Oft - geht was daneben,
aber damit muss man leben.
Oft - sitzt sie in ihrer Traurigkeit da
und dann werden die Freunde sehr rar.
Oft - überkommt sie dann der Frust,
doch den besiegt sie mit ihrer Lebenslust.
Oft - wird ihr vor ihrem geistigen Auge klar,
das Handeln und Sagen von Anderen ist nicht wahr.
Oft - ob negative oder positive Ereignisse und davon gibt es viele,
unterstützen sie bei ihren Entscheidungen und beim Erreichen ihrer Ziele.

Wartend

Wartend- im Stau auf der Autobahn, im Auto vor der Ampel.

Wartend- in der Schlange vor der Kasse, in der Mensa während der Essensausgabe.
Wartend- am Bahnhof auf den Zug, am Flughafen auf den Abflug.

Wartend- im Restaurant auf die Rechnung, im Wartezimmer beim Arzt.

Ganz schön viel Zeit, die wir im Leben "Wartend" verbringen müssen, aber diese Art von "Wartend" ist kaum beeinflussbar.

Wartend- auf das Einlösen eines Versprechens, eine andere Art von "Wartend", nur das diese Art von dem Versprechenden beeinflussbar wäre.

***

Was muss noch alles passieren, bis Gefühle endlich kapieren?